BEI GRIN MACHT SICH IHR WISSEN BEZAHLT

AF150273

- Wir veröffentlichen Ihre Hausarbeit,
  Bachelor- und Masterarbeit

- Ihr eigenes eBook und Buch -
  weltweit in allen wichtigen Shops

- Verdienen Sie an jedem Verkauf

Jetzt bei www.GRIN.com hochladen und kostenlos publizieren

Julia Jawhari

Prädiktoren einer Postpartalen Depression

Literaturarbeit / Sozial- und Präventivmedizin

GRIN Verlag

Bibliografische Information der Deutschen Nationalbibliothek:

Die Deutsche Bibliothek verzeichnet diese Publikation in der Deutschen National-
bibliografie; detaillierte bibliografische Daten sind im Internet über http://dnb.d-
nb.de/ abrufbar.

Impressum:

Copyright © 2008 GRIN Verlag GmbH
Druck und Bindung: Books on Demand GmbH, Norderstedt Germany
ISBN: 978-3-656-97970-8

Dieses Buch bei GRIN:

http://www.grin.com/de/e-book/300294/praediktoren-einer-postpartalen-depression

GRIN - Your knowledge has value

Der GRIN Verlag publiziert seit 1998 wissenschaftliche Arbeiten von Studenten, Hochschullehrern und anderen Akademikern als eBook und gedrucktes Buch. Die Verlagswebsite www.grin.com ist die ideale Plattform zur Veröffentlichung von Hausarbeiten, Abschlussarbeiten, wissenschaftlichen Aufsätzen, Dissertationen und Fachbüchern.

Besuchen Sie uns im Internet:

http://www.grin.com/

http://www.facebook.com/grincom

http://www.twitter.com/grin_com

Prädiktoren der postpartalen Depression (PPD)

Julia Jawhari (8. Semester)

Literaturarbeit

im Rahmen des Nebenfachstudiums

der Sozial- und Präventivmedizin

an der Universität Zürich

(überarbeitet am 20.05.15)

Inhalt

Zusammenfassung

Schwangerschaft, Geburt und die ersten Monate mit einem Neugeborenen bedeuten für jede Frau eine extreme Herausforderung. In dieser Zeit erhöhter Vulnerabilität kommt es häufig zu affektiven Störungen und Störungen der Befindlichkeit. Bei der postpartalen Depression (PPD) wird von einer Prävalenz von 3% bis zu 25% (aller Frauen im ersten Jahr nach einer Geburt) ausgegangen. Die Ursachenforschung bzw. die Forschung zu möglichen Prädiktoren der PPD konnte bisher keinen singulären, kausalen Faktor isolieren. Im Allgemeinen wird von einer multifaktoriellen Ätiologie der PPD ausgegangen. Die folgende Arbeit möchte mögliche Prädiktoren zusammenstellen und Ergebnisse entsprechender Studien zur Ursachenforschung der PPD vorstellen. Abschließend soll auf die Früherkennung der PPD und die Möglichkeiten präventiver Maßnahmen eingegangen werden.

Einleitung

Schwangerschaft und Geburt bedeuten für jede werdende Mutter eine extreme Herausforderung auf physischer und auf psychischer Ebene. *„Pregnancy and peripartum/ perinatal periods are characterized by significant biologic as well as psychosocial processes and changes...“* schreibt Halbreich (2005, S.1312). Es erstaunt daher nicht, dass mit dieser speziellen Lebensspanne häufig Stimmungsschwankungen und Störungen der Befindlichkeit einhergehen. Die Stärke der affektiven Störungen in der postnatalen Phase variiert zwischen dem leichten und vorübergehenden „baby blues", der bei etwa 50% bis 80% aller Frauen auftritt, bis hin zur postpartalen Psychose, die weniger als 1% aller Mütter betrifft und zur sofortigen Hospitalisierung der Betroffenen führen muss (Evins, 1997; zit. nach Dennis & Hodnett, 2007, S. 2). Unter allen symptomatischen Erscheinungen in der postnatalen Phase, ist die postpartale Depression (PPD) bekannt als eine nicht psychotische depressive Störung, die im ersten Jahr nach einer Geburt auftritt bzw. sich über das erste Jahr nach einer Geburt erstreckt. Symptome sind Unwohlsein, Reizbarkeit, Verwirrung und Vergesslichkeit, Schlaflosigkeit, Unfähigkeit zur Freude, Müdigkeit, Angst, Schuldgefühle, Unfähigkeit mit der eigenen Lebenssituation fertig zu werden, bis hin zu Suizidgedanken. Die PPD tritt am häufigsten in den zwölf Wochen nach einer Geburt auf und hat eine Dauer, die von der Stärke des Leidens abhängt (Cox,1993; zit. nach Dennis & Hodnett, 2007, S. 2). Die PPD ist ein schwerwiegendes Gesundheitsproblem für viele Frauen aus unterschiedlichsten Kulturkreisen. Längsschnittstudien und epidemiologische Studien kommen zu sehr unterschiedlichen Prävalenzen, die von nur 3% bis mehr als 25% (Frauen im ersten Jahr nach einer Geburt) variieren. Die sehr unterschiedlichen Raten sind auf Unterschiede bei den Stichproben, den Diagnosezeitpunkten, den Diagnosekriterien und den Studiendesigns zurückzuführen. So kommen retrospektive Studien in der Regel zu deutlich niedrigeren Raten als prospektive Studien (Dennis & Hodnett, 2007, S.2). Halbreich (2005, S.1314) geht sogar davon aus, dass die Prävalenz der PPD je nach Herkunftsland der Mütter zwischen 0% und 60% variiert. Er kritisiert, dass eine Beschränkung auf die PPD, die in der Regel über die Postnatale Depression Scale (EPDS) oder den Beck Depression Inventory gemessen wird, zu eng gefasst sei. Eine ganze Reihe unterschiedlichster postpartaler Störungen und Symptome seien bekannt, wie etwa verschiedene Angststörungen oder Störungen der Mutter-Kind-Beziehung. Postpartale Symptome des Zentralnervensystems (ZNS), des Autoimmunsystems und des Hormonsystems, die zu Störungen von Stimmung, Verhalten und Kognition führen, seien in der psychiatrischen Literatur weitestgehend vernachlässigt.

Es hat sich gezeigt, dass schon Kinder unter 3 Monaten die affektive Stimmung ihrer Mütter wahrnehmen und ihr eigenes Verhalten danach ausrichten. Kinder von Müttern mit PPD entwickeln meist schlechtere kognitive Fähigkeiten und werden vielfach verhaltensauffällig (Dennis & Hodnett, 2008, S.2). Vernachlässigung und Misshandlungen von Kindern ist ein weltweites Phänomen. Depressive Symptome der Mutter haben sich als konsistenter Prädiktor für zukünftige negative elterliche Verhaltensweisen (Schreien, Schlagen, Schütteln) gegenüber von Kindern erwiesen (Halbreich, 2005, S.1317). Und Frauen, die an einer PPD leiden, tragen ein zweifaches Risiko in den nächsten fünf Jahren eine erneute Depression durchzumachen (Cooper & Murray, 1995; zit. nach McQueen et al., 2008, S.127). Prävention von Depressionen bei Müttern sollte ein echtes Public-Health-Anliegen sein, um problematische Entwicklungen von Kindern und zukünftigen Eltern zu verhindern oder immerhin zu verringern. Die folgende Arbeit möchte der Frage nachgehen, welche Risikofaktoren die Entstehung einer PPD begünstigen. Anhand aktueller Studien und Ergebnisse soll die Thematik erarbeitet werden.

1. Pathophysiologie der PPD und medikamentöse Behandlung

Im folgenden Abschnitt soll skizzenhaft auf die biophysiologischen Ursachen der PPD eingegangen werden. Dies geschieht zum Verständnis der physiologischen Vulnerabilität des weiblichen Organismus während und nach einer Schwangerschaft und im Hinblick auf die Möglichkeiten der medikamentösen Behandlung der PPD.

1.1 Abnorme Neurosteroid Regulation

Abweichende Konzentrationen von Neurosteroiden im Zentralnervensystem (ZNS) stehen im Zusammenhang mit unterschiedlichen psychiatrischen und neurologischen Störungen, wie etwa dem prämenstruellen Syndrom (PMS), der menstruellen Migräne, der Depression im Allgemeinen, der PPD im Besonderen und verschiedenen Angststörungen (Maguire & Mody, 2008). Verminderte Neurosteroid-Konzentrationen konnten bei Patienten mit Depressionen festgestellt werden, während Antidepressiva zu einer Zunahme der Neurosteroid-Konzentration führen. Ihr therapeutischer Nutzen wird darauf zurückgeführt. Physiologisch scheinen die verschiedenen postnatalen Stimmungsstörungen durch den rapiden Abfall der reproduktiven Hormone nach einer Schwangerschaft ausgelöst zu werden. Anderseits führen exogene Verabreichung und erneuter Entzug von Steroiden, was die hormonellen Veränderungen einer Schwangerschaft imitieren soll, nur bei Frauen mit der Vorgeschichte einer PPD zu depressiven Symptomen (Bloch et al. 2000; zit. nach Maguire & Mody, 2008). Dies spricht für eine Prädisposition dieser Frauen. Die genaue Ursache der Prädisposition ist allerdings bisher ungeklärt (Magiure & Mody, 2008, S.207).

1.2 Medikamentöse Behandlung der PPD

Die PPD ist eine Erkrankung, die vielfach undiagnostiziert bleibt und daher auch nicht behandelt wird. Die betroffenen Frauen scheuen sich mit dem Hausarzt, Gynäkologen oder Kinderarzt über ihre Problematik zu sprechen, da sie die Angst als „schlechte" Mutter oder als „verrückt" bzw. mit einem psychiatrischen Problem stigmatisiert zu werden, davon abhält (Pearlstein, 2008, S.308). Bisher wurden sehr wenige Studien zur Behandlung der PPD mit Antidepressiva durchgeführt und es gibt noch kein Medikament, das durch die amerikanische Food and Drug Administration (FDA) für die Behandlung der PPD zugelassen wurde. Stillende Mütter werden von den meisten Studien ausgeschlossen. Es wird im Allgemeinen davon ausgegangen, dass Medikamente zur Behandlung von MDD (major depressive disorder) auch gegen die PPD wirksam seien, was aber bisher nie systematisch untersucht worden ist. Einige Aspekte der PPD sind einmalig, wie die bereits beschriebenen extremen Fluktuationen im Hormonhaushalt, der mögliche Einfluss des Stillens auf die Stimmung, der Schlafentzug und der Stress durch das Neugeborene. Trotz ethischer Bedenken, wegen der schädlichen Wirkung der PPD auf das Kind, können letztlich allein Placebo-Kontroll-Studien die Wirksamkeit medikamentöser Behandlungen belegen (Pearlstein, 2008, S.308).

1.3 Randomisierte klinische Studien

In einer klinischen Studie von Appleby et al. (1997) wird die medikamentöse Behandlung durch Fluoxetine an einer Studiengruppe mit einer Kontrollgruppe, die nur Beratungsgespräche erhält, untersucht. Die Stichprobe umfasst insgesamt 87 Frauen. Stillende Mütter und Frauen, die länger als 2 Jahre an Depression leiden, wurden von der Untersuchung ausgeschlossen. Die randomisierte Zuordnung erfolgt zu einer der vier folgenden Gruppen:

20 mg **Fluoxetine** täglich +	Placebo +
1 Stunde Beratung	1 Stunde Beratung
20 mg **Fluoxetine** täglich +	Placebo +
6 Stunden Beratung	6 Stunden Beratung

Die Ergebnisse der Studie, an der 61 Probandinnen während drei Monaten teilnahmen, zeigen anhand der Hamilton Depression Rating Scale (HAMD), dass Fluoxetine wirksamer als das Placebo ist.

Fluoxine	Placebo
HAMD Mean Score fällt von	HAMD Mean Score fällt von
13.3 auf 2.9	14.0 auf 5.4

Sechs Beratungsstunden waren signifikant wirksamer als nur eine Beratungsstunde. Es konnte aber kein Vorteil bei der Kombination von Fluoxetine und Beratungsstunden festgestellt werden.

Eine aktuelle Studie von Wisner et al. (2006) vergleicht die Wirkung von Sertraline mit der Wirkung von Nortriptyline auf 109 Frauen mit einer PPD (HAMD score > 18 at baseline). Die Studie dauert insgesamt 8 Wochen. Es können weder nach 4 noch nach 8 Wochen Unterschiede in der Behandlung zwischen den Medikamenten festgestellt werden. Nach 8 Wochen geht es 50% der Frauen in beiden Gruppen bedeutend besser (HAMD score ≤ 7). Aufgrund des Fehlens einer Kontrollgruppe sind die Ergebnisse dieser Studie stark limitiert. Auch wenn Antidepressiva in der Behandlung einer PPD effektiv zu sein scheinen, gibt es bisher keine randomisierte klinische Studie mit Doppelblindverfahren und mit Frauen, die an einer mittleren bis starken PPD leiden (Pearlstein, 2008, S.310).

2. Prädiktoren der PPD

Im folgenden Abschnitt soll auf die verschiedenen Risikofaktoren für das Auftreten einer PPD eingegangen werden. Anhand entsprechender Studien, sollen Prädiktoren, die eine PPD unter Umständen vorhersagbar machen, vorgestellt werden.

2.1 Psychosoziale und psychologische Faktoren

Trotz zahlreicher Forschungsbemühungen zu den Ursachen der PPD, konnte bisher kein singulärer kausaler Faktor isoliert werden und im Allgemeinen wird von einer multifaktoriellen Ätiologie der PPD ausgegangen. Einige Ergebnisse sprechen für den Einfluss psychosozialer Faktoren, wie Stress induzierende Lebensereignisse, Konflikte in der Partnerschaft und ein Mangel an sozialer Unterstützung (Dennis & Hodnett, 2008, S.2). Cooper et al. (1996) konnten anhand einer prospektiven Studie mit mehreren tausend Frauen zeigen, dass Frauen mit wenig sozialer Unterstützung zweimal so häufig eine PPD entwickelten, als Frauen mit angemessener sozialer Unterstützung (Cooper et al., 1996, zit. nach Dennis & Hodnett, 2008, S.2).

In einer aktuellen prospektiven Studie untersuchen Kim et al. (2008) eine Stichprobe schwangerer Frauen, um statistische Unterschiede im Bezug auf soziodemografische und psychologische Faktoren und deren möglichen Einfluss bei der Entstehung der PPD herauszuarbeiten. Insgesamt werden 239 Frauen in der 24. Schwangerschaftswoche für die Studie gewonnen. Die Diagnose für PPD wird 6 Wochen nach der Niederkunft gestellt. Dreißig Frauen wird gemäß der Edinburgh Postnatal Depression Scale (mit einem score von ≥ 9.5) eine PPD diagnostiziert. Als Vergleichsgruppe werden 30 gesunde Mütter (score < 3) ausgewählt. Soziodemografische und medizinische Variablen werden in der 24. Schwangerschaftswoche und eine Woche postpartum per Interview erhoben. Das während der Schwangerschaft durchgeführte Interview erfasst Alter, Ehe, Ausbildung, Beruf, Einkommen und Wohnsituation. Das postpartum durchgeführte Interview erfasst Variablen, wie das Erleben der Schwangerschaft und der Geburt, Schwangerschaftskomplikationen, das erhoffte Geschlecht des Kindes, das tatsächliches Geschlecht des Kindes, familiäre Konflikte, Lebensereignisse und Gesundheitszustand des Kindes etc. Die Ergebnisse der Studie zeigen keinerlei signifikanten Unterschiede zwischen den beiden Vergleichsgruppen in den genannten Variablen. Allein das Einkommen (p = 0.006) und die Schwangerschaftsübelkeit (p < 0.001) unterscheiden sich signifikant zwischen den Gruppen. In einer logistischen Regressionsanalyse werden vier Faktoren extrahiert, die eine PPD am ehesten vorhersagen könnten: „depressive Symptome postpartum", „Angst", „Stress durch Partnerschaft" und „Selbstwert". Wenn die Faktoren einem Modell zu depressiven Faktoren vor der Niederkunft individuell hinzugefügt werden, ergibt sich keinerlei Effekt. Die Autoren kommen zu dem Ergebnis, dass allein depressive Symptome vor der Geburt eine PPD vorhersagen können.

2.2 Der „Baby Blues" / maternity blues als Prädiktor der PPD

Der maternity blues (MB) wurde verschiedentlich als entscheidender Risikofaktor für die Entstehung einer PPD identifiziert. Der MB ist eine vorübergehende psychologische Befindlichkeitsstörung, die sich durch eine leichte depressive Symptomatik mit Weinerlichkeit, sorgenvollen Gedanken, Wechselhaftigkeit, Ängstlichkeit und Durcheinandersein kennzeichnet. Der MB tritt meist zwischen 3 und 5 Tagen nach einer Geburt auf und wird in der Regel auf die hormonellen Veränderungen im weiblichen Organismus zurückgeführt. Etwa 20% der Frauen

mit dem MB erleiden in der Folge eine ernste Depression im ersten Jahr nach der Niederkunft. Auch Angststörungen scheinen im Zusammenhang mit dem MB aufzutreten (Reck,
Stehle, Reinig & Mundt, 2008, S.2). Reck et al. (2008, S.2) konstatieren, dass erstaunlich wenig Studien den Zusammenhang von einem MB und Angststörungen untersuchen. Zudem sei
bisher keine standardisierte Definition des MB etabliert. Eine diagnostische Abgrenzung von
MB, PPD und postpartaler Psychose sei jedoch äußerst wichtig. So sei auch kritisch anzumer-
ken, dass der MB in der aktuellen Forschung nur über Skalen zur Erfassung von Depression
diagnostiziert würde.

Reck et al. (2008) untersuchen in ihrer aktuellen Studie, ob die PPD und Angststörungen in
den ersten drei Monaten nach einer Geburt anhand des maternity blues (MB) signifikant vor-
hergesagt werden können. Der Einfluss demografischer, psychiatrischer und medizinischer
Faktoren wurde gleichzeitig untersucht.

Der MB wurde an einer Stichprobe von 853 Frauen aus Deutschland zwei Wochen nach der
Geburt eines Kindes, über ein Telefoninterview und anhand des Patient Health Questionnaire-
Depression erfasst. Die PPD und Angststörungen wurden nach den DSM-IV-Kriterien (American Psychiatric Association, 1994) innerhalb der folgenden 3 Monate erfasst. Die Autoren
schätzen die Prävalenz des MB bei deutschen Frauen auf 55,2%.

Die Ergebnisse der Studie zeigen einen signifikanten Zusammenhang zwischen MB und PPD
(Odds Ratio = 3.8) und zwischen MB und Angststörungen (Odds Ratio = 3.9). Es konnte kein
Zusammenhang zwischen demografischen und anderen Faktoren und der PPD gefunden werden. Die Ergebnisse sprechen für ein deutlich erhöhtes Risiko einer PPD, wenn im Vorfeld
ein MB aufgetreten ist. Reck et al. (2008, S.9) weisen jedoch darauf hin, dass etwa 94% der
Mütter mit diesem Risikofaktor dennoch keine PPD entwickeln. Die Wahrscheinlichkeit bei
aufgetretener MB keine PPD zu entwickeln, ist also größer.

2.3 Stress und Qualität der Partnerschaft als Prädiktoren der PPD

Frauen entwickeln doppelt so häufig depressive Symptome als Männer. Dieser Unterschied
zwischen den Geschlechtern ist besonders stark in den Jahren, in denen Kinder auf die Welt
kommen. Die kumulative Wirkung der unterschiedlichen Stressoren, die durch die verschiedenen Rollen der Frau (Mutter, Ehefrau, Freundin und arbeitende Person) entsteht, führt bei

Frauen vermutlich stärker als bei Männern dazu, dass eine Anpassung an diese multiplen Herausforderungen versagt.

Bei der Entstehung der PPD scheint die Qualität der Partnerschaft eine Rolle zu spielen (Page & Wilhelm, 2007, S.238). Page & Wilhelm (2007) untersuchen an einer Stichprobe von 51 Frauen den Einfluss täglicher Stressoren (insbesondere interpersonale Konflikte) und die Qualität der Partnerschaft auf die Entstehung einer PPD. Depressive Symptome, tägliche Stressoren und die Qualität der Partnerschaft (Unterstützung, Konflikt und Tiefe der Beziehung) wurden per Befragung über verschiedene Skalen 6 Wochen nach einer Geburt erhoben. Etwa 31% der befragten Frauen berichteten Symptome, die einer PPD gleich kommen. Über eine Regressionsanalyse kommen die Autoren zu folgenden Ergebnissen: Stärkster Prädiktor einer PPD ist eine Depression während der Schwangerschaft ($\beta = .634^{***}$). Wird allerdings der Einfluss dieser Variable kontrolliert, zeichnen sich „Streit mit Angehörigen der Familie" und „Tiefe der Partnerschaft" als signifikanteste Prädiktoren einer PPD ab ($\beta = .300^{**}$ und $\beta = -.207^{*}$). Da es sich hier um eine rein explorative Studie handelt und die Stichprobengröße limitiert ist, müssen die Ergebnisse relativiert werden.

3. Früherkennung und Prävention der PPD

In der aktuellen Literatur und den Ergebnissen zur Ätiologie der PPD, scheinen sich einige Faktoren abzuzeichnen, die eine Erkrankung vorhersagbarer bzw. das Risiko an einer PPD zu erkranken, abschätzbarer machen könnten. Der folgende Abschnitt setzt sich mit der Früherkennung der Risikofaktoren einer PPD auseinander und möchte die Richtung und Art, in die präventive Maßnahmen gehen könnten, aufzeigen.

3.1 Stärkste Prädiktoren der PPD

Die aktuelle Forschung konnte Depressionen und Angststörungen während der Schwangerschaft als stärkste Prädiktoren der PPD ausmachen. Ebenso scheinen Frauen, die in der Vergangenheit belastenden Lebensereignissen ausgesetzt waren und Frauen, die nur wenig soziale Unterstützung aus ihrem Umfeld wahrnehmen, ein erhöhtes Risiko für eine PPD zu tragen (Robertson, Grace, Wallington & Stewart, 2004, S. 293). Diese genannten Risikofaktoren ließen sich mit nicht allzu großem Aufwand bei den ärztlichen Routineuntersuchungen während der Schwangerschaft erfassen. Hier wäre es wichtig, dass Gynäkologen, Hebammen, Hausärzte und die schwangeren Frauen selbst über die Zusammenhänge aufgeklärt werden. Frauen mit einer Vorgeschichte depressiver Symptomatik sollten im Hinblick auf ein Neuauftreten der Erkrankung, eine besondere Betreuung erhalten. Dies könnte z.b. in einer regelmäßigen telefonischen Kontaktaufnahme mit den Patientinnen bestehen. Robertson et al. (2004) halten es für möglich, dass viele Frauen während ihrer Schwangerschaft Symptome einer Depression erleben, aber nicht an eine Behandlung denken, da diese als normale Begleiterscheinung einer Schwangerschaft eingestuft werden. Hier sollte eine erhöhte Aufmerksamkeit von Seiten der Mediziner und des medizinisch betreuenden Personals geschult werden. Die Frauen könnten einerseits zu ihrer Befindlichkeit befragt und andererseits auf mögliche Risiken hingewiesen werden. Bei auffälligen Patientinnen sollte frühzeitig eine psychotherapeutische und/oder medikamentöse Behandlung ins Auge gefasst werden. Hilfreich könnten auch Peer-Programme (also Schwangere helfen Schwangeren bzw. Mütter helfen Müttern) sein.

Risikogruppen, die erhöhtem Stress und belastenden Lebensereignissen ausgesetzt sind, oder die wenig soziale Unterstützung erhalten, könnten ebenfalls mit erhöhter Wachsamkeit hinsichtlich psychischer Fehlentwicklungen, betreut werden. Insbesondere Frauen aus schwächeren sozioökonomischen Verhältnissen, wie z.b. Immigrantinnen, sind oftmals starkem Stress oder finanziellem Druck ausgesetzt und können meist weniger auf ein soziales Netz, in Form von sozialer Unterstützung, zurückgreifen. Auch Frauen, die sich in einer Ehe- oder partnerschaftlichen Krise befinden, sind starkem Stress ausgesetzt, der sich einerseits auf den Verlauf der Schwangerschaft und damit auf die Gesundheit des Fötus auswirken kann, und der andererseits die psychische Gesundheit der schwangeren Frau bzw. der neu gewordenen Mutter beeinträchtigen kann. Auch wenn sich Risikogruppen identifizieren lassen, gibt es einige Risiken, die schlecht vorherzusagen sind, wie etwa der Geburtsverlauf oder postnatale Faktoren (Austin, Frilingos, Lumley, Hadzi-Pavlovic, Roncolato, Acland, Saint, Segal & Parker, 2008, S. 43). Hier kann Prävention erst zu einem späteren Zeitpunkt einsetzen.

Ein weiterer möglicher Prädiktor für die PPD ist der maternity blues (MB). Diese Symptomatik tritt nach einer Geburt auf. Da sich die meisten Frauen zu diesem Zeitpunkt in einer Geburtsklinik befinden oder zumindest durch eine Hebamme betreut werden, könnten hier routinemäßig Gespräche durch psychologisch geschulte Personen durchführt werden. Da fast jede Frau in dieser Phase psychisch hoch vulnerabel ist, einerseits durch die extremen physiologischen Veränderungen, andererseits durch die neuartige Rolle, der sich die gewordene Mutter gegenüber sieht und die noch ungewohnten Belastungen durch das Neugeborene, könnten hier Gespräche Unterstützung und Erleichterung schaffen. Gleichzeitig wären abnorme bzw. gravierendere Entwicklungen frühzeitig erkennbar und könnten schneller behandelt werden. Psychotherapeutische und medikamentöse Behandlungen haben sich als sehr erfolgreich in der Behandlung von depressiven Störungen erwiesen (Robertson et al., 2004, S. 294).

3.2 Psychosoziale und psychologische Interventionen

Eine entscheidende Frage bei der Entwicklung von Interventionen zur Verringerung des Auftretens der PPD, scheint der Zeitpunkt zu sein, zu welchem die Interventionen ansetzen sollten. Interventionen können *antepartum* (während der Schwangerschaft), *interpartum* (während des Geburtsprozesses) oder *postpartum* (nach einer Geburt) einsetzen. Des Weiteren lassen sich *universelle* Interventionen, d.h. Interventionen, die sich an alle schwangeren Frauen bzw. Frauen nach der Geburt richten von *selektiven* Interventionen, die nur auf bestimmte Risikogruppen abzielen, unterscheiden. Schließlich richtet sich eine dritte Gruppe von Interventionen, die *indizierte* Intervention, an Frauen, die schon Symptome einer Depression aufweisen.

Dennis (2005, S.1) kommt in einer Meta-Analyse von 15 Studien mit insgesamt 7697 Frauen zu dem Ergebnis, dass Interventionen, die postpartum durchgeführt werden, den größten Erfolg erzielen. Insgesamt scheint das Ergebnis der Meta-Analyse jedoch keine ausreichende Evidenz für die positive Wirkung psychosozialer und psychologischer Interventionen, hinsichtlich einer Verringerung des Auftretens der PPD, zu zeigen (Dennis, 2005, S.7). Gemäß der Ergebnisse dieser Studie tragen Frauen, die präventiv eine Intervention erhalten, statistisch gesehen das gleiche Risiko für eine PPD wie Frauen, die keine Intervention erhalten. Offen bleibt jedoch, laut Dennis (2005, S.7), inwieweit die Nichtsignifikanz der Ergebnisse auf Mängel in den Erhebungsinstrumenten zur Erfassung der PPD zurückzuführen ist. Der Autor sieht grundsätzlich, aufgrund der Langzeitfolgen und Konsequenzen beim Auftreten einer PPD großen Handlungsbedarf. Er weist auf die PPD als dringendes Public-Health-Anliegen hin. Weitere Interventionsstudien seien daher notwendig. Austin et al. (2008, S. 43) vermuten, dass innerhalb von Risikopopulationen komplexe Interaktionen von biopsychosozialen Faktoren, kombiniert mit individuellen Variationen dazu führen, dass eben nur manche Frauen an einer PPD erkranken, andere wiederum nicht. Die Autoren vermuten daher, dass eine kurze Intervention in einer Risikopopulation antepartum, kombiniert mit einer längeren Intervention postpartum, dann nämlich wenn die Wahrscheinlichkeit für distress am größten ist, am effektivsten sein müsste. Weitere Studien sollten, laut der Autoren in die besagte Richtung gehen.

Die Autoren Ju Cho, Hye Kwon & Jae Lee (2008) kommen in einer Interventionsstudie, die antepartum bei einer Risikogruppe von Frauen für PPD durchgeführt wurde, zu viel versprechenden Ergebnissen. Es wurde hier eine Interventionsgruppe, die eine kurze kognitive Verhaltenstherapie erhält mit einer Kontrollgruppe ohne Intervention, verglichen. Die Interventionsgruppe weist daraufhin einen deutlich niedrigeren Wert bei der Messung der PPD (Selbstreport) auf als die Kontrollgruppe (18.3% versus 30%; Score von 16 oder höher). Die Autoren führen den Erfolg ihrer Intervention in erster Linie auf die Form und Art der Durchführung der Therapie zurück. Jede Frau erhielt eine individuell abgestimmte Therapie, in der Techniken zur Stimmungsregulation und zur Korrektur negativer Denkmuster erlernt wurden sowie Strategien zur Verbesserung der Kommunikation mit dem Partner. So konnte die Zufriedenheit in der Partnerschaft bei der Interventionsgruppe bis über die Geburt hinaus deutlich verbessert werden, während sich die Zufriedenheit in der Kontrollgruppe verschlechterte. Die Autoren glauben, dass hier ein entscheidender Schlüssel zur Prävention der PPD liegt. Frauen, die sich in einer zufrieden stellenden Beziehung befinden, scheinen weniger Risiko für eine PPD zu tragen. Der Erfolg der Studie könnte für Interventionen antepartum sprechen, dalaut Ju Cho et al. (2008, S.561) diese Form der Intervention deutlich weniger aufwendig und langwierig sei, als eine Intervention bei Frauen, die bereits Symptome der PPD aufweisen.

4. Diskussion

Die PPD und ihre Entstehung scheint in vieler Hinsicht ein noch zu wenig klar definiertes und von anderen psychischen Erscheinungen abgegrenztes Phänomen zu sein. Die Ursachenforschung steht noch an ihrem Anfang, auch wenn einige Variablen einen Hinweis auf eine mögliche Vorhersagbarkeit der Symptomatik geben. Auch gibt es bisher noch kein etabliertes Erfassungsinstrument zur Diagnostik. Es wird meist auf Instrumente ausgewichen, die Depression im Allgemeinen erheben. Dies ist insofern problematisch, da die PPD eine eigene sehr spezifische Charakteristik aufweist. Gerade die hormonell bedingten physiologischen Zusammenhänge, aber auch die spezifischen Stressoren im Zusammenhang mit Schwangerschaft, Geburt und der Versorgung eines Neugeborenen, unterscheiden sich doch sehr stark von anderen Formen der Depression.

Jede Frau hat nach einer Geburt ein potentielles Risiko für eine PPD. Allerdings haben manche Frauen aufgrund einiger Risikofaktoren ein deutlich erhöhtes Risiko (Robertson, Grace, Wallington & Steward, 2004, S.293). Stärkste Prädiktoren der PPD, betrachtet man den

Grossteil der aktuellen Literatur zur Problematik, scheinen depressive Symptome im Schwangerschaftsverlauf, frühere Depressionen und der MB zu sein. Auch wenn nur wenige Interventionsstudien den Erfolg von Früherkennung und frühzeitiger Intervention belegen konnten, scheint es voreilig solche Präventivmassnahmen grundsätzlich als nicht sinnvoll einzustufen. Noch zu wenig sind die verschiedenen Zusammenhänge und Interaktionen geklärt, wie etwa die Art der Risikogruppen und der Risikofaktoren, der geeignete Interventionszeitpunkt und die geeignete Art der Intervention.

Wenn Interventionen es schaffen die psychische Befindlichkeit von schwangeren Frauen und Müttern zu verbessern, verbessert sich damit möglicherweise das Wohlbefinden ganzer Familien. Die Bedeutung und die tragende Rolle der Mutter für die Entwicklung der Persönlichkeit des Kindes und seiner kognitiven Fähigkeiten sind empirisch belegt. Erkrankt die Mutter psychisch hat das oft tragische Konsequenzen für die psychische Entwicklung des Kindes. Dies gilt es zu berücksichtigen, wenn noch zu wenig belegte Erfolge von Interventionen unter Umständen verhindern, dass in der Praxis konkrete Hilfe geleistet wird.

Literatur

Appleby, L., Warner, R. Whitton, A. (1997). A controlled study of fluoxetine and cognitive-behavioural councelling in the treatment of postnatal depression. *British Medical Journal, 314,* 932-936.

Austin, M.-P., Frilingos, M., Lumley, J., Hadzi-Pavlovic, D., Roncolato, W., Acland, S., Saint, K., Segal, N. & Parker, G. (2008). Brief cognitive behaviour therapy group intervention for the prevention of postnatal depression and anxiety: A randomised controlled trial. *Journal of Affective Disorders, 105,* 35-44.

Cooper, P.J. & Murray, L. (1995). Course and recurrence of postnatal depression. Evidence for the specificity of the diagnostic concept. *British Journal of Psychiatry; the Journal of Mental Science, 152,* 191-195.

Cooper, P.J., Murray, L., Hooper, R. & West, A. (1996). The development and validation of a predictive index for postpartum depression. *Psychological Medicine, 26,* 627-634.

Cox, J., Murray, D. & Chapman, G. (1993). A controlled study of the onset, duration and prevalence of postnatal depression. *British Journal of Psychiatry, 163,* 27-31.

Dennis, C-L. & Hodnett, E. (2007). Psychosocial and psychological interventions for treating postpartum depression (Review). *Cochrane Database of Systematic Reviews 2007, Issue 4,* 1-36.

Bloch, M., Schmidt, P.J., Danaceau, M., Murphy, J., Nieman, L. & Rubinow, D.R. (2000). Effects of gonadal steroids in women with history of postpartum depression. *American Journal of Psychiatry, 157,* 924-930.

Evins, G. & Theofrastous, J. (1997). Postpartum depression: a review of postpartum screening. *Primary Care Update Ob/ Gyns, 4 (6),* 241-246.

Halbreich, U. (2005). The association between pregnancy processes, preterm delivery, low birth weight, and postpartum depressions – the need for interdisciplinary integration. *American Journal of Obstetrics and Gynecology, 193,* 1312-1322.

Ju Cho, H., Hye Kwon, J. & Jae Lee, J. (2008). Antenatal cognitive-behavioral therapy for prevention of postpartum depression: a pilot study. *Yonsei Medicine Journal, 49 (4),* 553-562.

Kim, Y-K., Hur, J-W., Kim, K-H., Oh, K-S. & Shin, Y-C. (2008). Prediction of postpartum depression by socio-demographic, obstetric and psychological factors: A prospective study. *Psychiatry and Clinical Neurosciences, 62,* 331-340.

Leigh, B. & Milgrom, J. (2008). Risk factors for antenatal depression, postnatal depression and parenting stress. *BMC Psychiatry, 8 (24),* 1-11.

Maguire, J. & Mody, I. (2008). GABA A R Plasticity during Pregnancy: Relevance to Postpartum Depression. *Cell Press Neuron 59,* 207-213.

McQueen, K., Motgomery,P., Lappen-Gracon, S., Evans, M. & Hunter, J. (2008). Evidence-Based Recommendations for Depressive Symptoms in Postpartum Women. *Journal of Obstetric, Gynecologic, & Neonatal Nursing, 37,* 127-136.

Page, M. & Wilhelm, M.S. (2007). Postpartum daily Stress, Relationship Quality, and Depressive Symptoms. *Contemporary family Therapy, 29,* 237-251.

Pearlstein, T. (2008). Perinatal depression: treatment options and dilemmas (Review Paper). *Journal of Psychiatry Neuroscience, 33(4),* 302-318.

Reck, C., Stehle, E., Reinig, K. & Mundt, C. (2008). Maternity blues as a predictor of DSM-IV depression and anxiety disorders in the first three months postpartum. *Journal of Affective Disorders,* doi: 10.1016/j.jad.2008.05.003 (article in press).

Robertson, E., Grace, S., Wallington, T. & Steward, D.E. (2004). Antenatal risk factors for postpartum depression: a synthesis of recent literature. *General Hospital Psychiatry, 26,* 289-295.

Wisner, K.L., Hanusa, B.H., Perel, J.M. (2006). Postpartum depression: a randomized trial of sertraline versus nortriptyline. *Journal of Clinical Psychopharmacology, 26,* 353-360.